This book belongs to:

 is for...

Apple

a a a a a a a

a a a a a a a

a

a

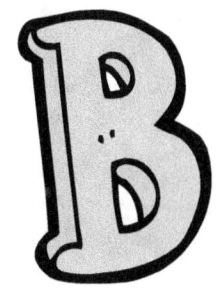 **is for...**

B B B B B B B

B B B B B B B

B

B

Boat

b b b b b b b

b b b b b b b

b

b

 is for...

Cat

c c c c c c c c

c c c c c c c c

c

c

 is for...

Dog

E is for...

Egg

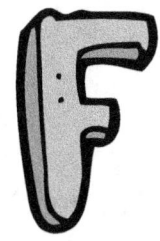 is for...

Frog

f f f f f f f

f f f f f f f

f

f

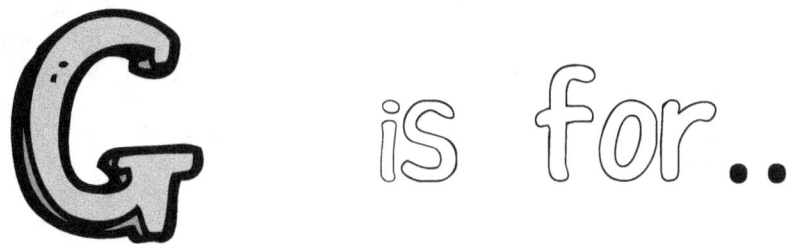

G is for...

Goat

g g g g g g g

g g g g g g g

g

g

H is for...

Hotel

h h h h h h h h h

h h h h h h h h h

h

h

 is for...

Island

 is for...

Juice

j j j j j j j j j j j

j j j j j j j j j j j

j

j

 is for...

King

k k k k k k k k

k k k k k k k k

k

k

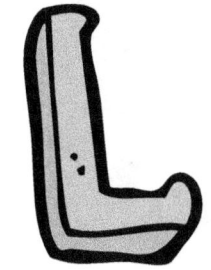 is for...

Lion

 is for...

M M M M M M

M M M M M M

M

M

Mouse

m m m m m m

m m m m m m

m

m

 is for...

Night

n n n n n n n n

n n n n n n n n

n

n

 is for...

O O O O O O O

O O O O O O O

O

O

Owl

O O O O O O O

O O O O O O O

O

O

 is for...

P P P P P P P

P P P P P P P

P

P

Pig

p p p p p p p

p p p p p p p

p

p

 is for...

Queen

q q q q q q q

q q q q q q q

q

q

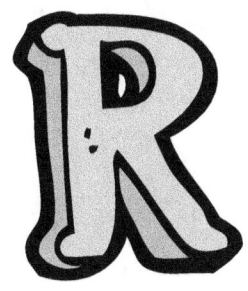 is for...

R R R R R R

R R R R R R

R

R

Rabbit

S is for...

S S S S S S S

S S S S S S S

S

S

Shark

S S S S S S S S

S S S S S S S S

S

S

 is for...

Tiger

 is for...

Umbrella

U U U U U U U

U U U U U U U

U

U

 is for...

Violin

V V V V V V V V

v v v v v v v v

V

v

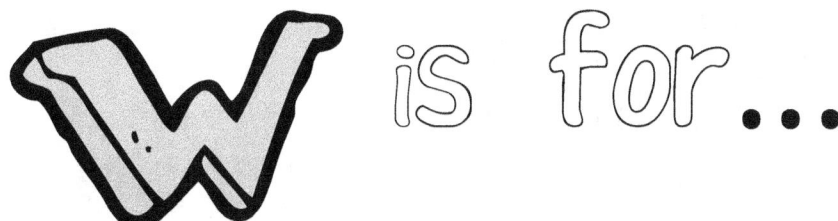 is for...

Water

w w w w w w

w w w w w w

w

w

 is for...

X-Ray

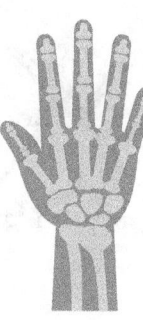

X X X X X X X X

X X X X X X X X

X

X

 is for...

Y Y Y Y Y Y Y

Y Y Y Y Y Y Y

Y

Y

Yellow

y y y y y y y y

y y y y y y y y

y

y

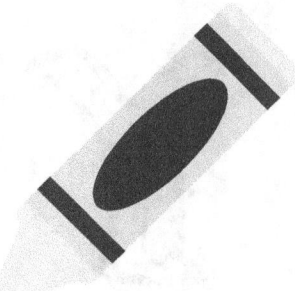

Z is for...

Zebra

Practice Pages!

Practice Pages!

Practice Pages!

Practice Pages!

Tracing Fun!

S is for...

Shark

Tracing Fun!

G is for...

Goat

Tracing Fun!

R is for...

Rabbit

Tracing Fun!

X is for...

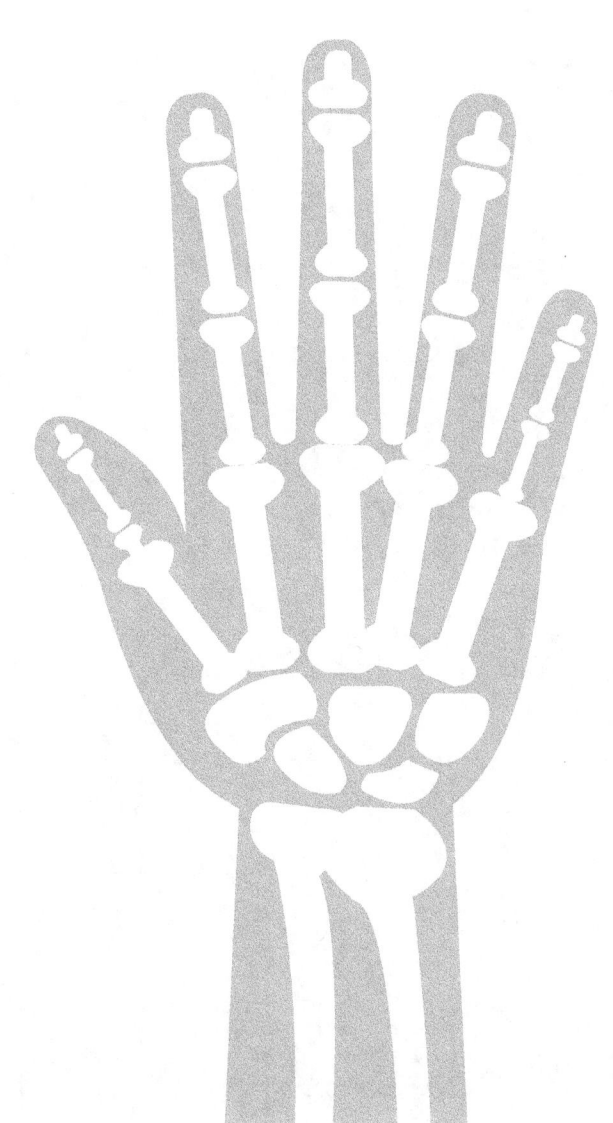

X-Ray

www.ingramcontent.com/pod-product-compliance
Lightning Source LLC
Chambersburg PA
CBHW081407070526
44583CB00020B/2709